Pia Biehl

Ich traue mich dir an

Der Leitfaden zur Vorbereitung der kirchlichen Hochzeit

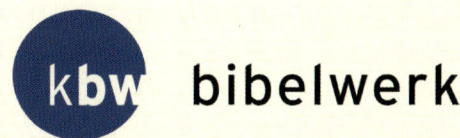

Für Antonia und Jonas

Inhalt

Liebes Brautpaar,

Sie haben sich kennen und lieben gelernt und spüren, dass Sie füreinander bestimmt sind, dass Sie ihr Leben miteinander teilen wollen. Sie wollen zusammenbleiben. Sie lieben und vertrauen einander und vertrauen darauf, dass Ihre Liebe sie trägt. Nach der standesamtlichen Trauung, die Sie rechtlich zu Eheleuten verbindet, wollen Sie den Bund der Ehe auch in der Kirche schließen.

Vielleicht, weil Sie sich einen besonders festlichen Rahmen wünschen für Ihr großes Fest. Vielleicht, weil es für Sie dazugehört und Sie spüren: Sie wollen diesen gemeinsamen Lebensweg nicht allein gehen. Sie möchten, dass Gott mit Ihnen ist auf diesem Weg in Ihr gemeinsames Leben.

Gott möchte mit uns Menschen auf dem Weg sein und unser Leben teilen. Wenn zwei Menschen sich, so wie Sie, füreinander entscheiden, schenkt er Ihnen im Sakrament der Ehe die Zusage: Ich teile das Leben mit euch. Ich segne euch und euren Bund. Diese Zusage bestärkt Sie auf dem Weg, den Sie schon mit Gott gehen. Sie ist aber auch eine Einladung an alle diejenigen, die diesen Weg mit Gott erst neu finden oder wieder finden.

»Vor Gottes Angesicht«, so werden Sie es sich vor dem Altar bei Ihrer Trauung gegenseitig versprechen, »nehme ich dich an. Ich will dich lieben, achten, ehren und dir treu sein. In guten und in schlechten Tagen, in Gesundheit und Krankheit, solange ich lebe!« Sie versprechen sich, einander anzunehmen in aller Unvollkommenheit, mit allen Fehlern und Schwächen, mit allen Stärken, Träumen und Wünschen, in großer Liebe. Sie versprechen sich die Treue in guten Tagen, in denen es leicht ist, einander zu lieben und zu vertrauen, und in schlechten Tagen, in denen es schwererfällt, das anzunehmen, was das Leben Ihnen bringt. Sie versprechen sich, dass Sie in Krankheit nicht verzweifeln, einander Halt geben und Liebe schenken wollen. Solange Sie leben. Sie tun es »vor Gottes Angesicht«, weil Gott verspricht, bei Ihnen zu sein. Immer. Diesem

Versprechen Gottes dürfen Sie trauen! Sie dürfen ihm trauen, weil er das Leben mit Ihnen lebt, auch und gerade in den Tagen, die nicht so froh und leicht zu leben sind wie die Tage der ersten Verliebtheit und die Tage rund um Ihren großen Festtag.

Daher lohnt es sich, sich näher mit der Trauungsfeier zu befassen, um sie persönlich und gemeinsam gestalten zu können. Zur Vorbereitung möchte Ihnen dieses Heft Hilfen an die Hand geben. Nach einer kurzen grundsätzlichen Erschließung des Gottesdienstes finden Sie die Texte zur Feier der kirchlichen Trauung: die verschiedenen Formen der Vermählung und das feierliche Segensgebet, eine Auswahl der alt- und neutestamentlichen Lesungen und der Evangelien sowie Vorschläge für Fürbitten und Lieder aus dem Gotteslob. Einige Meditationstexte und Gedichte zum Thema »Liebe – Ehe« ergänzen diese Handreichung. Abschließend finden Sie eine kleine Checkliste, an was rund um die kirchliche Trauung zu denken ist.

Sie werden sehen: Hier tun sich viele Möglichkeiten auf. Bitte erschrecken Sie nicht darüber. Wenn Sie gern bei den Riten und Texten mitgestalten, dann nehmen Sie die Möglichkeiten wahr – umfassend oder an einzelnen Stellen. Wenn das aber eher Stress für Sie bedeuten würde, dann sagen Sie es dem Zelebranten offen. Er wird Sie gern entlasten. Denn durch kommerzielle Hochzeits»messen«, Hochglanzmagazine und Erwartungen aus Familie und Freundeskreis haben Sie vielleicht schon Druck genug. Der Priester oder Diakon wird Sie gern unterstützen – sei es bei der eigenen Gestaltung oder sei es beim Wunsch, sich einander in Liebe anzutrauen und dabei das Herz frei zu haben von Sorgen um die Form.

Ich wünsche Ihnen eine schöne Vorbereitungszeit voller Vorfreude auf Ihren großen Festtag und einen unvergesslich schönen Hochzeitstag als Start in eine glückliche, erfüllte und gesegnete gemeinsame Zukunft!

Pia Biehl

Die Feier
der Trauung

Form und Verlauf des Gottesdienstes

Die »Feier der Trauung« bezeichnet die katholische Eheschließung innerhalb eines Gottesdienstes, entweder als Eucharistiefeier oder als Wortgottesdienst. Ist ein Partner evangelisch, wird die Trauung üblicherweise im Rahmen eines Wortgottesdienstes gefeiert. Dabei können Geistliche beider Konfessionen beteiligt sein; im Einzelnen folgt die Eheschließung dann entweder der katholischen oder der evangelischen Form. Sprechen Sie da Ihren Pfarrer bzw. Pastor vor Ort an, welche Möglichkeiten sich Ihnen bieten. Auch die Eheschließung eines katholisch Getauften mit einem ungetauften Partner kann in einem Gottesdienst gefeiert werden; hier berücksichtigen die Texte, ob der Partner an Gott glaubt oder nicht.

Der Ablauf des Trauungsgottesdienstes ist in seiner Grundform vorgegeben, dennoch gibt es für Sie Möglichkeiten zur ganz persönlichen Mitgestaltung. Im Gespräch mit dem Zelebranten, der Ihre Trauung vornehmen wird, können Sie bei der Auswahl der Texte, Gebete und Lieder Ihre Wünsche und Ideen einbringen. Die gottesdienstliche Feier der Trauung verläuft folgendermaßen:

- Zu Beginn der Feier kann der Zelebrant (ein Priester oder Diakon) das Brautpaar und die Trauzeugen am Portal der Kirche abholen und sie in einem feierlichen Einzug zum Altar begleiten. Nach dem gemeinsam gesungenen Eingangslied folgt die liturgische Eröffnung der Feier. Der Zelebrant begrüßt sodann das Brautpaar und die mitfeiernde Gemeinde. Im Kyrie begrüßt die Gemeinde Christus in ihrer Mitte. Danach kann, außerhalb von Advent und Fastenzeit, das Gloria gesungen werden. Mit dem Tagesgebet schließt der Eröffnungsteil der Feier.

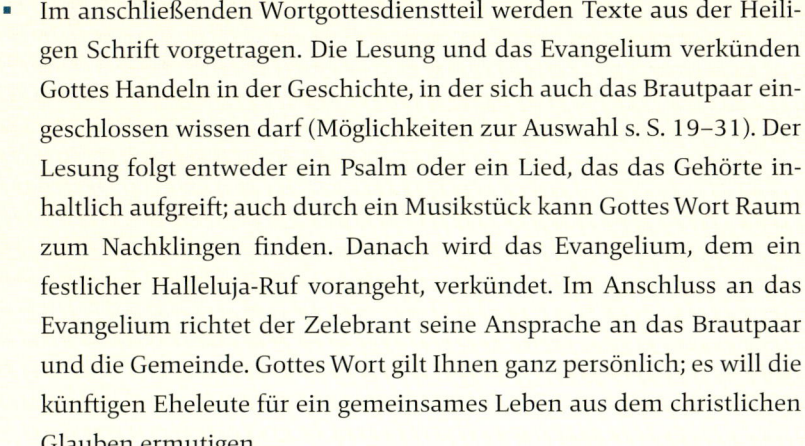

- Im anschließenden Wortgottesdienstteil werden Texte aus der Heiligen Schrift vorgetragen. Die Lesung und das Evangelium verkünden Gottes Handeln in der Geschichte, in der sich auch das Brautpaar eingeschlossen wissen darf (Möglichkeiten zur Auswahl s. S. 19–31). Der Lesung folgt entweder ein Psalm oder ein Lied, das das Gehörte inhaltlich aufgreift; auch durch ein Musikstück kann Gottes Wort Raum zum Nachklingen finden. Danach wird das Evangelium, dem ein festlicher Halleluja-Ruf vorangeht, verkündet. Im Anschluss an das Evangelium richtet der Zelebrant seine Ansprache an das Brautpaar und die Gemeinde. Gottes Wort gilt Ihnen ganz persönlich; es will die künftigen Eheleute für ein gemeinsames Leben aus dem christlichen Glauben ermutigen.

- Auf diesem Fundament folgt jetzt die Trauung: Die Brautleute schließen vor Zeugen den Bund der Ehe; der feierliche Trauungssegen ruft in Erinnerung an die Heilstaten Gottes seinen Geist über die beiden herab und bittet um seinen Segen für den Ehebund. Mit den Fürbitten (s. S. 34 f.) schließt die Trauung. (Findet die Trauung im Rahmen eines Wortgottesdienstes statt, münden die Fürbitten ins Vaterunser und in ein Gebet, das die Feier abschließt.)

- Findet die Trauung im Rahmen einer Messe statt, wird anschließend die Eucharistie gefeiert, in der das Brautpaar den Leib und das Blut Christi in den Gestalten von Brot und Wein empfängt. Die Gabenbereitung bietet Möglichkeiten zur Gestaltung, z. B. durch eine Gabenprozession des Brautpaares.

- Mit dem Segen für alle Anwesenden und einem Schlusslied oder Musikstück endet der Gottesdienst. Danach erfolgt der feierliche Auszug der Neuvermählten, gefolgt von den Festgästen.

Die Trauung im Einzelnen

Im Folgenden ist der Trauritus mit seinen einzelnen Elementen abgedruckt, wie er in »Die Feier der Trauung in den katholischen Bistümern des deutschen Sprachgebietes« festgelegt ist. Insbesondere die Form der Vermählung und den feierlichen Trauungssegen können Sie aus verschiedenen Möglichkeiten selbst auswählen.

Befragung des Brautpaares nach der Bereitschaft zur christlichen Ehe

Der Zelebrant beginnt die Trauungszeremonie mit folgenden Worten:

Liebes Brautpaar!
Sie sind in dieser entscheidenden Stunde Ihres Lebens nicht allein. Sie sind umgeben von Menschen, die Ihnen nahestehen. Sie dürfen die Gewissheit haben, dass Sie mit dieser (unserer) Gemeinde und mit allen Christen in der Gemeinschaft der Kirche verbunden sind. Zugleich sollen Sie wissen: Gott ist bei Ihnen. Er ist der Gott Ihres Lebens und Ihrer Liebe. Er heiligt Ihre Liebe und vereint Sie zu einem untrennbaren Lebensbund. Ich bitte Sie zuvor, öffentlich zu bekunden, dass Sie zu dieser christlichen Ehe entschlossen sind.

Der Zelebrant fragt den Bräutigam:
Zelebrant: N., ich frage Sie: Sind Sie hierhergekommen, um nach reiflicher Überlegung und aus freiem Entschluss mit Ihrer Braut N. den Bund der Ehe zu schließen?
Bräutigam: Ja.

Zelebrant: Wollen Sie Ihre Frau lieben und achten und ihr die Treue halten alle Tage ihres Lebens?
Bräutigam: Ja.

Die gleichen Fragen richtet der Zelebrant an die Braut:
Zelebrant: N., ich frage Sie: Sind Sie hierhergekommen, um nach reiflicher Überlegung und aus freiem Entschluss mit Ihrem Bräutigam N. den Bund der Ehe zu schließen?
Braut: Ja.
Zelebrant: Wollen Sie Ihren Mann lieben und achten und ihm die Treue halten alle Tage seines Lebens?
Braut: Ja.

Die folgenden Fragen richtet der Zelebrant an beide Brautleute gemeinsam:
Zelebrant: Sind Sie beide bereit, die Kinder anzunehmen, die Gott Ihnen schenken will, und sie im Geiste Christi und seiner Kirche zu erziehen?
Braut und Bräutigam: Ja.
Zelebrant: Sind Sie beide bereit, als christliche Eheleute Mitverantwortung in der Kirche und in der Welt zu übernehmen?
Braut und Bräutigam: Ja.

Segnung der Ringe

Die Ringe sind ein Symbol der Liebe und Treue, die die Partner sich versprechen. So wie ein Ring ohne Anfang und Ende ist, so soll auch die Liebe der beiden sein. Der Zelebrant segnet die beiden Ringe und besprengt sie anschließend mit Weihwasser. Dazu spricht er eines der folgenden Gebete, das die Anwesenden mit dem Amen bekräftigen:

Herr und Gott, du bist menschlichen Augen verborgen, aber dennoch in unserer Welt zugegen. Wir danken dir, dass du uns deine Nähe schenkst, wo Menschen einander lieben. Segne diese Ringe, segne diese Brautleute, die sie als Zeichen ihrer Liebe und Treue tragen werden. Lass in ihrer Gemeinschaft deine verborgene Gegenwart unter uns sichtbar werden. Darum bitten wir, durch Christus, unseren Herrn.

Oder:

Treuer Gott, du hast mit uns einen unauflöslichen Bund geschlossen. Wir danken dir, dass du uns beistehst. Segne diese Ringe und verbinde die beiden, die sie tragen, in Liebe und Treue. Darum bitten wir durch Christus, unseren Herrn.

Vermählung und Anstecken der Ringe

Die Brautleute bekunden bei der Vermählung vor Gott und der Festgemeinde, dass sie sich einander anvertrauen. Das tun sie entweder durch den Vermählungsspruch (A) oder durch das Ja-Wort (B). In Absprache mit dem Zelebranten können Sie für den Vermählungsspruch eigene Worte wählen.

A) Vermählungsspruch

Zelebrant:
So schließen Sie jetzt vor Gott und vor der Kirche den Bund der Ehe, indem Sie das Vermählungswort sprechen. Dann stecken Sie einander den Ring der Treue an.

Bräutigam:

N., vor Gottes Angesicht nehme ich dich an als meine Frau.

Ich verspreche dir die Treue

in guten und bösen Tagen,

in Gesundheit und Krankheit,

bis der Tod uns scheidet.

Ich will dich lieben, achten und ehren

alle Tage meines Lebens.

Trag diesen Ring

als Zeichen unserer Liebe und Treue:

Im Namen des Vaters und des Sohnes

und des Heiligen Geistes.

Braut:

N., vor Gottes Angesicht nehme ich dich an als meinen Mann.

Ich verspreche dir die Treue

in guten und bösen Tagen,

in Gesundheit und Krankheit,

bis der Tod uns scheidet.

Ich will dich lieben, achten und ehren

alle Tage meines Lebens.

Trag diesen Ring

als Zeichen unserer Liebe und Treue:

Im Namen des Vaters und des Sohnes

und des Heiligen Geistes.

B) Vermählung durch das Ja-Wort

Zelebrant: So schließen Sie jetzt vor Gott und vor der Kirche den Bund der Ehe, indem Sie das Ja-Wort sprechen. Dann stecken Sie einander den Ring der Treue an.

Der Zelebrant fragt zunächst den Bräutigam:
N., ich frage Sie vor Gottes Angesicht: Nehmen Sie Ihre Braut N. an als Ihre Frau und versprechen Sie, ihr die Treue zu halten in guten und in bösen Tagen, in Gesundheit und Krankheit und sie zu lieben, zu achten und zu ehren, bis der Tod Sie scheidet? (Dann sprechen Sie: Ja.)
Bräutigam: Ja.

Der Zelebrant fordert den Bräutigam auf:
Nehmen Sie den Ring als Zeichen Ihrer Liebe und Treue, stecken Sie ihn an die Hand Ihrer Braut und sprechen Sie: »Im Namen des Vaters und des Sohnes und des Heiligen Geistes«.
Der Bräutigam nimmt den Ring, steckt ihn seiner Braut an den rechten Ringfinger und spricht:
Im Namen des Vaters und des Sohnes und des Heiligen Geistes.

Der Zelebrant fragt nun die Braut:

N., ich frage Sie vor Gottes Angesicht: Nehmen Sie Ihren Bräutigam N. an als Ihren Mann und versprechen Sie, ihm die Treue zu halten in guten und in bösen Tagen, in Gesundheit und Krankheit und ihn zu lieben, zu achten und zu ehren, bis der Tod Sie scheidet? (Dann sprechen Sie: Ja.)

Braut: Ja.

Der Zelebrant fordert die Braut auf:

Nehmen Sie den Ring als Zeichen Ihrer Liebe und Treue, stecken Sie ihn an die Hand Ihres Bräutigams und sprechen Sie: »Im Namen des Vaters und des Sohnes und des Heiligen Geistes«.

Die Braut nimmt den Ring, steckt ihn ihrem Bräutigam an den rechten Ringfinger und spricht:

Im Namen des Vaters und des Sohnes und des Heiligen Geistes.

Bestätigung der Vermählung

Der Zelebrant bestätigt nun die Vermählung und bittet die Brautleute:
Reichen Sie nun einander die rechte Hand. Gott der Herr hat Sie als Mann und Frau verbunden. Er ist treu. Er wird zu Ihnen stehen und das Gute, das er begonnen hat, vollenden.

Der Zelebrant legt die Stola um die ineinandergelegten Hände der Brautleute. Er legt seine rechte Hand darauf und spricht:
Im Namen Gottes und seiner Kirche bestätige ich den Ehebund, den Sie geschlossen haben.

Der Zelebrant wendet sich an die Trauzeugen und übrigen Versammelten und spricht:
Sie aber und alle, die zugegen sind, nehme ich zu Zeugen dieses heiligen Bundes. »Was aber Gott verbunden hat, das darf der Mensch nicht trennen« (Mt 19,6).

An dieser Stelle kann die Traukerze feierlich an der Osterkerze entzündet werden. Ihr Licht und ihre Wärme mögen ein Symbol sein für die Liebe Gottes, die das Brautpaar durch das gemeinsame Leben begleitet. Auch kann für diesen Moment ein Lied oder ein Musikstück vorgesehen werden.

Feierlicher Trauungssegen

Der Zelebrant lädt die Gemeinde zum Gebet für die Neuvermählten ein
und spricht den Trauungssegen, etwa:

Lasst uns beten, Brüder und Schwestern, zu Gott unserem Vater,
und ihn um seinen Segen bitten für dieses Brautpaar.
Er möge mit seiner Hilfe immer bei ihnen sein,
die er heute vereint im heiligen Ehebund.

Bei den folgenden Worten streckt der Zelebrant seine Arme
über das Brautpaar aus:

Heiliger Vater, Schöpfer der Welt, du hast Mann und Frau
nach deinem Bilde geschaffen und ihre Gemeinschaft gesegnet.
Wir bitten dich für N. und N., die sich hier im Sakrament der Ehe verbinden.
Dein reicher Segen, Herr, komme herab auf Bräutigam und Braut,
und die Kraft des Heiligen Geistes stärke ihre Liebe zueinander.
Lass sie mit Kindern gesegnet sein zu ihrer Freude und
zur Freude deiner Kirche.
Gib ihnen die Gnade, dass sie in frohen Tagen dich loben,
bei dir Trost finden in der Trauer, deine Hilfe spüren in der Not
und bei all ihrem Tun deine Nähe erfahren.
Steh ihnen bei, damit sie dir in der Gemeinschaft der Kirche danken
und in der Welt Zeugnis für dich geben.
Gib ihnen ein erfülltes Leben mit ihren Verwandten und Freunden
und führe sie nach dieser Zeit zum ewigen Hochzeitsmahl.
Darum bitten wir durch Jesus Christus, deinen Sohn,
unseren Herrn und Gott, der in der Einheit des Heiligen Geistes mit
dir lebt und herrscht in alle Ewigkeit.
Alle: Amen.

17

In den liturgischen Büchern gibt es mehrere Vorschläge für den feierlichen Trausegen. Wenn es die Umstände, z. B. das Alter der Brautleute, nahelegen, kann die Bitte um Kinder entfallen.

Dem Segen kann Musik oder Gesang folgen.

Ein weiterer Segenstext findet sich in diesem Heft auf S. 53.

Biblische
Lesungstexte
zur Auswahl

Biblische Lesungstexte zur Auswahl

Eine Frage taucht im Rahmen der Vorbereitung von Traugottesdiensten immer wieder auf, und vielleicht haben Sie sich selbst auch schon einmal gefragt: Warum soll man bei der kirchlichen Trauung Lesungen aus dem Alten und Neuen Testament nehmen und nicht zum Beispiel einen wunderschönen Abschnitt aus dem »Kleinen Prinzen«?

Mit ihrer Entscheidung zur kirchlichen Trauung stellen Sie sich als Paar vor Gott und die Gemeinde. Sie bezeugen Ihre Entscheidung auf der Basis Ihres Glaubens und bitten um Gottes Segen für Ihre Ehe. Im gottesdienstlichen Geschehen binden Sie Gott in die Paarbeziehung, in das Eheleben mit ein. Besonders deutlich wird das im Hören auf Gottes Wort aus der Bibel, in Ihrem Ja-Wort vor Gott und im Trauungssegen. Sie schließen einen Bund, miteinander und gewissermaßen auch mit Gott, der Sie beide trägt. Solche Bünde mit Gott findet man einige in der Bibel, die bedeutendsten und bekanntesten sind der Bund Gottes mit Noah sowie mit dem Volk Israel im Alten Testament und die Erneuerung des Bundes durch Jesus Christus, Gottes Sohn, im Neuen Testament. Mit dem Bund der Ehe stellen Sie sich in die Tradition dieser Bündnisse und nehmen die Zusage Gottes an, sagen Ja zum Leben im Glauben und dazu, dass Sie mit Ihrer Ehe Zeugnis geben wollen vom Bund Gottes mit den Menschen, von seiner Liebe und Treue. Sie sagen also auch Ja zu den Herausforderungen, die das Eheleben im Alltag die Jahre hindurch mit sich bringt, und dürfen dabei in diesen Herausforderungen auf den Bund mit Gott vertrauen.

Deshalb sollen im Gottesdienst biblische Texte vorgetragen werden, die davon erzählen und die Sie auf Ihrem Weg bestärken können, Sie öffnen für den Gott, der mit Ihnen geht. Denn, so der Glaube der Kirche, in den Lesungen ist es Gott selbst, der zu uns spricht.

Einige Vorschläge der Leseordnung für die Lesung und das Evangelium in die Feier der Trauung haben wir für Sie abgedruckt. Die Überschrift und ein Leitgedanke mögen Ihnen bei der Auswahl eine Lesehilfe sein. Sie können aber auch andere passende Schriftstellen aussuchen; dabei wird Ihnen der Zelebrant behilflich sein können. Gern kann eine/r Ihrer Festgäste die Lesung im Gottesdienst vortragen.

Lesungen aus dem Alten Testament

Als Mann und Frau schuf er sie (Genesis 1,26–28.31a)
Der Schöpfungssegen als Urbild für den von Gott gesegneten Bund zwischen Mann und Frau; die Ehe als Teilnahme am schöpferischen Handeln Gottes.

Dann sprach Gott: Lasst uns Menschen machen als unser Abbild, uns ähnlich. Sie sollen herrschen über die Fische des Meeres, über die Vögel des Himmels, über das Vieh, über die ganze Erde und über alle Kriechtiere auf dem Land. Gott schuf also den Menschen als sein Abbild; als Abbild Gottes schuf er ihn. Als Mann und Frau schuf er sie. Gott segnete sie und Gott sprach zu ihnen: Seid fruchtbar und vermehrt euch, bevölkert die Erde, unterwerft sie euch und herrscht über die Fische des Meeres, über die Vögel des Himmels und über alle Tiere, die sich auf dem Land regen. Gott sah alles an, was er gemacht hatte: Es war sehr gut.

Es ist nicht gut, dass der Mensch allein bleibt (Genesis 2,18–24)

Bestimmung des Menschen zu gemeinschaftlichem Leben; Mann und Frau als echte, gleichwertige Partner.

Gott, der Herr, sprach: Es ist nicht gut, dass der Mensch allein bleibt. Ich will ihm eine Hilfe machen, die ihm entspricht. Gott, der Herr, formte aus dem Ackerboden alle Tiere des Feldes und alle Vögel des Himmels und führte sie dem Menschen zu, um zu sehen, wie er sie benennen würde. Und wie der Mensch jedes lebendige Wesen benannte, so sollte es heißen. Der Mensch gab Namen allem Vieh, den Vögeln des Himmels und allen Tieren des Feldes. Aber eine Hilfe, die dem Menschen entsprach, fand er nicht. Da ließ Gott, der Herr, einen tiefen Schlaf auf den Menschen fallen, sodass er einschlief, nahm eine seiner Rippen und verschloss ihre Stelle mit Fleisch. Gott, der Herr, baute aus der Rippe, die er vom Menschen genommen hatte, eine Frau und führte sie dem Menschen zu. Und der Mensch sprach: Das endlich ist Bein von meinem Bein und Fleisch von meinem Fleisch. Frau soll sie heißen, denn vom Mann ist sie genommen. Darum verlässt der Mann Vater und Mutter und bindet sich an seine Frau und sie werden *ein* Fleisch.

Nie sollen Liebe und Treue dich verlassen (Sprüche 3,3–6)

Mahnung aus der Weisheitsliteratur Israels zu Liebe, Treue und demütigem Gottvertrauen als Weg für ein gelingendes Leben.

Nie sollen Liebe und Treue dich verlassen; binde sie dir um den Hals, schreib sie auf die Tafel deines Herzens! Dann erlangst du Gunst und Beifall bei Gott und den Menschen. Mit ganzem Herzen vertrau auf den Herrn, bau nicht auf eigene Klugheit; such ihn zu erkennen auf all deinen Wegen, dann ebnet er selbst deine Pfade.

Ich traue dich mir an auf ewig (Hosea 2,21–22)

Prophetisches Zeugnis über Gottes barmherzige und ewige Liebe zu seinem Volk, die (»als Brautpreis«) innere Gaben schenkt; Einladung an die Brautleute, sich einander ebenso liebend und treu zu versprechen.

Ich traue dich mir an auf ewig; ich traue dich mir an um den Brautpreis von Gerechtigkeit und Recht, von Liebe und Erbarmen, ich traue dich mir an um den Brautpreis meiner Treue: Dann wirst du den Herrn erkennen.

Stark wie der Tod ist die Liebe (Hoheslied 8,6–7)

Die Liebe ist mächtig; man kann sie nicht kaufen.

Leg mich wie ein Siegel auf dein Herz, wie ein Siegel an deinen Arm! Stark wie der Tod ist die Liebe, die Leidenschaft ist hart wie die Unterwelt. Ihre Gluten sind Feuergluten, gewaltige Flammen. Auch mächtige Wasser können die Liebe nicht löschen; auch Ströme schwemmen sie nicht weg. Böte einer für die Liebe den ganzen Reichtum seines Hauses, nur verachten würde man ihn.

Weitere Textstellen

Ich werde mit dem Haus Israel und dem Haus Juda einen neuen Bund schließen (Jeremia 31,31–32a.33–34a)

Bund Gottes mit seinem Volk, beidseitig innere (»aufs Herz geschriebene«) liebende Verpflichtung füreinander; Vorbild für den ehelichen Bund.

Dein Volk ist mein Volk und dein Gott ist mein Gott (Rut 1,14b–17)

Abschnitt einer Geschichte von Rut, die nach dem Tod ihres Mannes bei ihrer Schwiegermutter und deren Volk bleibt und sich vertrauend der gütigen Vorsehung (eines ihr fremden) Gottes überlässt; Einladung an die Brautleute, einander mit Gottes Hilfe treu zu sein bis zum Tod.

Hab Erbarmen mit mir und lass mich gemeinsam mit Sara ein hohes Alter erreichen (Tobit 8,4b–8)

Gebet Frischvermählter, das Gottes Schöpfung von Mann und Frau als sich ergänzende, zueinander passende und wahrhaft liebende Partner preist und um seinen Segen bittet für ein langes, gemeinsames Leben; der Ritus des feierlichen Trauungssegen lehnt sich daran an.

Lesungen aus dem Neuen Testament

Die Liebe schuldet ihr einander immer (Römer 13,8–10)

Aufruf zu treuer, unablässiger Liebe.

Bleibt niemand etwas schuldig; nur die Liebe schuldet ihr einander immer. Wer den andern liebt, hat das Gesetz erfüllt. Denn die Gebote: Du sollst nicht die Ehe brechen, du sollst nicht töten, du sollst nicht stehlen, du sollst nicht begehren!, und alle anderen Gebote sind in dem einen Satz zusammengefasst: Du sollst deinen Nächsten lieben wie dich selbst. Die Liebe tut dem Nächsten nichts Böses. Also ist die Liebe die Erfüllung des Gesetzes.

Die Liebe hört niemals auf (1 Korinther 13,1–8a)

Loblied auf die von Gott geschenkte Gabe der Liebe, die ganz auf das Wohl des anderen bedacht, die alles Reden und Tun erfüllen und tragen soll, die ewig bleibt.

Wenn ich in den Sprachen der Menschen und Engel redete, hätte aber die Liebe nicht, wäre ich dröhnendes Erz oder eine lärmende Pauke. Und wenn ich prophetisch reden könnte und alle Geheimnisse wüsste und alle Erkenntnis hätte; wenn ich alle Glaubenskraft besäße und Berge damit versetzen könnte, hätte aber die Liebe nicht, wäre ich nichts. Und wenn ich meine ganze Habe verschenkte und wenn ich meinen Leib dem Feuer übergäbe, hätte aber die Liebe nicht, nützte es mir nichts. Die Liebe ist langmütig, die Liebe ist gütig. Sie ereifert sich nicht, sie prahlt nicht, sie bläht sich nicht auf. Sie handelt nicht ungehörig, sucht nicht ihren Vorteil, lasst sich nicht zum Zorn reizen, trägt das Böse nicht nach. Sie freut sich nicht über das Unrecht, sondern freut sich an der Wahrheit. Sie erträgt alles, glaubt alles, hofft alles, hält allem stand. Die Liebe hört niemals auf.

Vor allem liebt einander, denn die Liebe ist das Band, das alles zusammenhält und vollkommen macht (Kolosser 3,12–17)

Weisung für ein liebevolles und dankbares Leben miteinander als Nachfolge Gottes, der den Menschen in Jesus Christus zuerst seine Liebe gezeigt hat und zur gegenseitigen Liebe befähigt durch seinen Geist, seinen Frieden und sein Wort.

Ihr seid von Gott geliebt, seid seine auserwählten Heiligen. Darum bekleidet euch mit aufrichtigem Erbarmen, mit Güte, Demut, Milde, Geduld! Ertragt euch gegenseitig und vergebt einander, wenn einer dem andern etwas vorzuwerfen hat. Wie der Herr euch vergeben hat, so vergebt auch ihr! Vor allem aber liebt einander, denn die Liebe ist das Band, das alles zusammenhält und vollkommen macht. In eurem Herzen herrsche der

Friede Christi; dazu seid ihr berufen als Glieder des einen Leibes. Seid dankbar! Das Wort Christi wohne mit seinem ganzen Reichtum bei euch. Belehrt und ermahnt einander in aller Weisheit! Singt Gott in eurem Herzen Psalmen, Hymnen und Lieder, wie sie der Geist eingibt, denn ihr seid in Gottes Gnade. Alles, was ihr in Worten und Werken tut, geschehe im Namen Jesu, des Herrn. Durch ihn dankt Gott, dem Vater!

Gott ist die Liebe (1 Johannes 4,7–12)

Die sich erbarmende Liebe Gottes in Jesus Christus als Quelle des Lebens und Aufruf, einander ebenso zu lieben.

Liebe Brüder und Schwestern, wir wollen einander lieben; denn die Liebe ist aus Gott und jeder, der liebt, stammt von Gott und erkennt Gott. Wer nicht liebt, hat Gott nicht erkannt; denn Gott ist die Liebe. Die Liebe Gottes wurde unter uns dadurch offenbart, dass Gott seinen einzigen Sohn in die Welt gesandt hat, damit wir durch ihn leben. Nicht darin besteht die Liebe, dass wir Gott geliebt haben, sondern dass er uns geliebt und seinen Sohn als Sühne für unsere Sünden gesandt hat. Liebe Brüder und Schwestern, wenn Gott uns so geliebt hat, müssen auch wir einander lieben. Niemand hat Gott je geschaut; wenn wir einander lieben, bleibt Gott in uns und seine Liebe ist in uns vollendet.

Weitere Textstellen

Nehmt einander an, wie Christus uns angenommen hat (Römer 15,1b-3a.5–7.13)

Aufruf zu sich verschenkender Liebe in der Nachfolge der Liebe Christi, Segenswunsch für ein vom Geist gestärktes Leben miteinander in Einigkeit, Frieden und Freude.

Die Ehe soll in Ehren gehalten werden (Hebräer 13,1–4a.5–6b)

Weisung für eine (eheliche) Liebe, die über sich selbst hinaus offen ist für konkrete Taten der Nächstenliebe, Einladung, sich demütig und vertrauensvoll der gütigen Vorsehung Gottes zu überlassen.

Bewahrt die Einheit des Geistes (Epheser 4,1–6)

Eheliches Leben und Lieben in Demut, Frieden und Geduld als Antwort auf Gottes Ruf (in der Taufe) zur Gemeinschaft mit ihm und untereinander.

Vorschläge für das Evangelium

Folgende Texte schlägt die Leseordnung für die Feier der Trauung für das Evangelium vor:

Was Gott verbunden hat, das soll der Mensch nicht trennen (Matthäus 19,3–6)

Treue füreinander in der Ehe.

Da kamen Pharisäer zu ihm, die ihm eine Falle stellen wollten, und fragten: Darf man seine Frau aus jedem beliebigen Grund aus der Ehe entlassen? Er antwortete: Habt ihr nicht gelesen, dass der Schöpfer die Menschen am Anfang als Mann und Frau geschaffen hat und dass er gesagt hat: Darum wird der Mann Vater und Mutter verlassen und sich an seine Frau binden und die zwei werden ein Fleisch sein? Sie sind also nicht mehr zwei, sondern eins. Was aber Gott verbunden hat, das darf der Mensch nicht trennen.

Das ist das wichtigste und erste Gebot. Ebenso wichtig ist das zweite (Matthäus 22,35–40)

Aufruf zu ganzheitlicher Gottes- und Nächstenliebe.

Einer von ihnen, ein Gesetzeslehrer, wollte ihn auf die Probe stellen und fragte ihn: Meister, welches Gebot im Gesetz ist das wichtigste? Er antwortete ihm: Du sollst den Herrn, deinen Gott, lieben mit ganzem Herzen, mit ganzer Seele und mit all deinen Gedanken. Das ist das wichtigste und erste Gebot. Ebenso wichtig ist das zweite: Du sollst deinen Nächsten lieben wie dich selbst. An diesen beiden Geboten hängt das ganze Gesetz samt den Propheten.

Sie sind nicht mehr zwei, sondern eins (Markus 10,6–9)

Bestimmung des Menschen zu Partnerschaft von Mann und Frau in Treue.

Am Anfang der Schöpfung aber hat Gott sie als Mann und Frau geschaffen. Darum wird der Mann Vater und Mutter verlassen, und die zwei werden ein Fleisch sein. Sie sind also nicht mehr zwei, sondern eins. Was aber Gott verbunden hat, das darf der Mensch nicht trennen.

Der Geist der Wahrheit bleibt bei euch und wird in euch sein (Johannes 14,12–17.21)

Deutung des Heiligen Geistes als beistehende Kraft für ein Leben in der Liebe.

Amen, amen, ich sage euch: Wer an mich glaubt, wird die Werke, die ich vollbringe, auch vollbringen und er wird noch größere vollbringen, denn ich gehe zum Vater. Alles, um was ihr in meinem Namen bittet, werde ich tun, damit der Vater im Sohn verherrlicht wird. Wenn ihr mich um etwas in meinem Namen bittet, werde ich es tun. Wenn ihr mich liebt, werdet ihr meine Gebote halten. Und ich werde den Vater bitten und er wird euch einen anderen Beistand geben, der für immer bei euch bleiben soll. Es ist der Geist der Wahrheit, den die Welt nicht empfangen kann, weil sie ihn nicht sieht und nicht kennt. Ihr aber kennt ihn, weil er bei euch bleibt und in euch sein wird. Wer meine Gebote hat und sie hält, der ist es, der mich liebt; wer mich aber liebt, wird von meinem Vater geliebt werden und auch ich werde ihn lieben und mich ihm offenbaren.

Bleibt in meiner Liebe (Johannes 15,9–12)

Aufruf zu gegenseitiger sich verschenkender Liebe in der Nachfolge Jesu Christi.

Wie mich der Vater geliebt hat, so habe auch ich euch geliebt. Bleibt in meiner Liebe! Wenn ihr meine Gebote haltet, werdet ihr in meiner Liebe bleiben, so wie ich die Gebote meines Vaters gehalten habe und in seiner Liebe bleibe. Dies habe ich euch gesagt, damit meine Freude in euch ist und damit eure Freude vollkommen wird. Das ist mein Gebot: Liebt einander, so wie ich euch geliebt habe.

Dies trage ich euch auf: Liebt einander! (Johannes 15,12–17)

Weisung zur Liebe in der Nachfolge Jesu Christi, die (dem anderen) sein Leben ganz schenkt, auf Gottes Hilfe vertraut und so fruchtbar wird.

Das ist mein Gebot: Liebt einander, so wie ich euch geliebt habe. Es gibt keine größere Liebe, als wenn einer sein Leben für seine Freunde hingibt. Ihr seid meine Freunde, wenn ihr tut, was ich euch auftrage. Ich nenne euch nicht mehr Knechte; denn der Knecht weiß nicht, was sein Herr tut. Vielmehr habe ich euch Freunde genannt; denn ich habe euch alles mitgeteilt, was ich von meinem Vater gehört habe. Nicht ihr habt mich erwählt, sondern ich habe euch erwählt und dazu bestimmt, dass ihr euch aufmacht und Frucht bringt und dass eure Frucht bleibt. Dann wird euch der Vater alles geben, um was ihr ihn in meinem Namen bittet. Dies trage ich euch auf: Liebt einander!

Sie sollen vollendet sein in der Einheit (Johannes 17,20–26)

Bittgebet Jesu um die liebevolle Einheit in der Ehe nach dem Vorbild der Liebe des dreifaltigen Gottes.

Aber ich bitte nicht nur für diese hier, sondern auch für alle, die durch ihr Wort an mich glauben. Alle sollen eins sein: Wie du, Vater, in mir bist und ich in dir bin, sollen auch sie in uns sein, damit die Welt glaubt, dass du mich gesandt hast. Und ich habe ihnen die Herrlichkeit gegeben, die du mir gegeben hast; denn sie sollen eins sein, wie wir eins sind, ich in ihnen und du in mir. So sollen sie vollendet sein in der Einheit, damit die Welt erkennt, dass du mich gesandt hast und die Meinen ebenso geliebt hast wie mich. Die Welt soll dadurch zum Glauben kommen, dass sie die Einheit und Einigkeit der Christen sieht. Vater, ich will, dass alle, die du mir gegeben hast, dort bei mir sind, wo ich bin. Sie sollen meine Herrlichkeit sehen, die du mir gegeben hast, weil du mich schon geliebt hast vor der Erschaffung der Welt. Gerechter Vater, die Welt hat dich nicht erkannt, ich aber habe dich erkannt und sie haben erkannt, dass du mich gesandt hast. Ich habe ihnen deinen Namen bekannt gemacht und werde ihn bekannt machen, damit die Liebe, mit der du mich geliebt hast, in ihnen ist und damit ich in ihnen bin.

Weitere Textvorschläge

Auch der Menschensohn ist gekommen, um zu dienen (Matthäus 20,25–28)

Leben und Lieben nach dem Beispiel Jesu Christi als Dienst am Andern.

Ängstigt euch nicht (Lukas 12,22b–31)

Aufruf, das gemeinsame Leben Gottes liebender Vorsehung zu überlassen und dadurch frei zu sein, sich für die Verwirklichung von Gottes Gerechtigkeit und Frieden in der Welt (für »sein Reich«) einzusetzen.

So tat Jesus sein erstes Zeichen – in Kana in Galiläa (Johannes 2,1–11)

Die Erzählung von der Hochzeit zu Kana ist nicht nur als Sinnbild für das »himmlische Hochzeitsmahl« zu verstehen, sondern auch für das Fest der Vermählung zweier Menschen, die Gott durch die Gegenwart Jesu Christi in ihrer Mitte zur vollkommenen »Freude in Fülle« (die Wasserkrüge sind bis zum Rand mit Wein voll) führt.

Weitere
Vorschläge
zur Gestaltung

Vorschläge für die Fürbitten

In den Fürbitten trägt die Gemeinde Bitten für das Brautpaar, dessen Familien und Freunde, für lebende und verstorbene Angehörige vor Gott. Zugleich weitet sich der Blick über das Persönliche hinaus und schließt ebenso die Anliegen der Kirche und der Welt, der Familien, Not leidende Menschen mit ein. Diese Fürbitten können von Trauzeugen und/oder Hochzeitsgästen vorgetragen werden. Es gibt im liturgischen Buch für die Trauung Textvorschläge für die Fürbitten. Diese können aber auch von Ihnen frei formuliert werden.

Beispiel für vorformulierte Fürbitten
(aus: »Die Feier der Trauung«)

Zelebrant: Im Namen unseres Herrn Jesus Christus versammelt, wenden wir uns voll Vertrauen an unseren Fürsprecher beim Vater im Himmel.

- Wir bitten für N. und N., die sich heute im Sakrament der Ehe einander anvertrauen, dass sie in der Treue feststehen und in Liebe füreinander da sind. Herr, höre uns. – *(Alle:)* Erhöre uns, o Herr.
- Wir bitten dich für alle Ehepaare, dass sie die Liebe des anderen nie als selbstverständlich hinnehmen, sondern immer neu als Geschenk verstehen.
- Wir bitten dich für die verschiedenen Generationen – für Kinder, Eltern und Großeltern – dass sie offen sind füreinander, die Eigenheiten jedes Lebensalters achten und einander beistehen.
- Wir bitten dich für unsere Gemeinde und die Kirche überall, dass sie Geborgenheit und Hilfe bietet für die Brautleute, die Familien, die Alleinerziehenden und die Alleinstehenden.

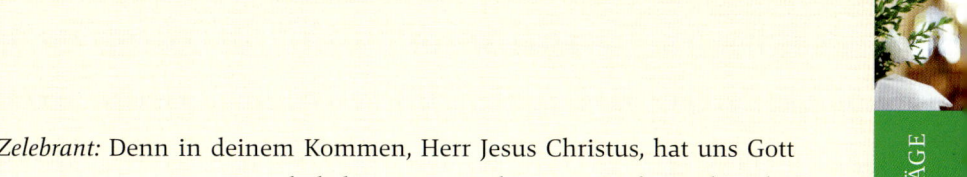

Zelebrant: Denn in deinem Kommen, Herr Jesus Christus, hat uns Gott seine Treue erwiesen. Durch dich preisen wir den Vater in der Einheit des Heiligen Geistes, jetzt und in Ewigkeit.
Amen.

Beispiel für frei formulierte Fürbitten

Zelebrant: Gott ist die Liebe. Vor ihn wollen wir in dieser festlichen Stunde unsere Bitten tragen:

- Guter Gott, du hast N. und N. zusammengeführt. Lass ihre Liebe wachsen und sei du mit ihnen auf dem Weg. An den guten Tagen ihres gemeinsamen Lebens, besonders aber auch dann, wenn sie es vielleicht schwer miteinander haben.
  Du Gott der Liebe – *(Alle:)* Wir bitten dich, erhöre uns.
- Schenke N. und N. die Gewissheit, dass sie ihrer Ehe, die sie heute vor dir beginnen, trauen können, weil du sie mit ihnen lebst und sie mit deinem Segen begleitest.
- Wir beten für die Eltern, Geschwister, Paten und Freunde der Brautleute und alle, die sie auf dem bisherigen Lebensweg begleitet haben.
- Wir beten für alle Paare, die es schwer miteinander haben. Schenke ihnen den Mut, wieder neu aufeinander zuzugehen und einen neuen Anfang zu wagen.
- Wir beten für die Angehörigen und Freunde von N. und N., die diesen Tag gern mitgefeiert hätten, uns aber schon vorausgegangen sind in die Ewigkeit.

Zelebrant: Du bist ein Gott des Lebens. Durch deinen Sohn hast du uns gezeigt, wie groß deine Liebe zu uns Menschen ist. Gib den Brautleuten N. und N. und uns allen die Kraft, aus dieser Liebe zu leben und Zeugen deiner Liebe in der Welt zu sein. Darum bitten wir durch Christus, unseren Herrn. Amen.

Liedvorschläge aus dem Gotteslob

Das Gebet- und Gesangbuch »Gotteslob«, das 2013/2014 überarbeitet neu erschienen ist, bietet eine Fülle an Liedern für den Gottesdienst. Für die Feier der Trauung finden sich zahlreiche geeignete »altbekannte« Lieder, aber auch neues geistliches Liedgut. Nachfolgend finden Sie zur Anregung und Erleichterung der Auswahl einige Liedvorschläge aus dem Stammteil für den Traugottesdienst. Schauen Sie aber auch in Ihren jeweiligen diözesanen Anhang, dort werden Sie sicher das ein oder andere Lied finden, das Sie gern zu ihrer Feier singen möchten. Die mit ö (»ökumenisch«) gekennzeichneten Lieder finden sich auch im evangelischen Gesangbuch.

Zum Einzug

Lobe den Herren	GL 392 ö
Erde singe, dass es klinge	GL 411
Kommt herbei, singt dem Herrn	GL 140 ö
Nun jauchzt dem Herren alle Welt	GL 144 ö

Kyrie

Kyrie	GL 154 – 156 ö
Herr, erbarme dich	GL 157 ö
Meine engen Grenzen	GL 437 ö

Gloria

Dein Lob Herr ruft der Himmel aus	GL 381 ö
Preis und Ehre Gott dem Herren	GL 171
Gott in der Höhe	GL 172 ö
Gloria, Ehre sei Gott	GL 169
Ich lobe meinen Gott	GL 400 ö

Gesang nach der Lesung

Wo die Güte und die Liebe wohnt	GL 442 ö
Meine Hoffnung und meine Freude	GL 365 ö
Erfreue dich Himmel, erfreue dich Erde	GL 467 ö

An dieser Stelle ist alternativ zum Gemeindegesang Raum für Instrumentalmusik oder vorgetragenen Gesang.

Halleluja-Ruf vor dem Evangelium

Verschiedene Rufe	GL 174 – 175

Nach der Trauung

Hier passt wieder Instrumentalmusik, vorgetragener Gesang oder ein Danklied, z. B.:

Nun saget Dank und lobt den Herren	GL 385 ö
Laudate omnes gentes	GL 386 ö
Nun singe Lob du Christenheit	GL 487 ö

Segenslied

In vielen Gemeinden ist es üblich, vor dem Schluss-Segen ein Segenslied zu singen. Zur Feier der Trauung innerhalb eines Wortgottesdienstes hat das Segenslied auch vor dem Segen seinen Platz.

Komm, Herr, segne uns	GL 451 ö
Der Herr wird dich mit seiner Güte segnen	GL 452
Bewahre uns Gott	GL 453 ö

Zum Auszug

Zum feierlichen Auszug bietet sich eines der bekannten Loblieder an, die – von der Gemeinde gemeinsam gesungen –, allen Dank und die Festlichkeit dieser Feier noch einmal ins Lied bringen.

Großer Gott, wir loben dich	GL 380 ö
Ein Haus voll Glorie schauet	GL 478

Findet die Trauung im Rahmen einer Eucharistiefeier statt, können noch an folgenden Stellen Lieder gesungen werden:

Zur Gabenbereitung

Verschiedene Gesänge	GL 183 – 189
Wenn wir das Leben teilen	GL 474
Wenn das Brot, das wir teilen	GL 470 ö

Sanctus   GL 190 – 200

Zur Brotbrechung (Agnus Dei)

Wenn das Agnus Dei (»Lamm Gottes«) nicht gesprochen, sondern gesungen werden soll, finden Sie im Gotteslob Nr. 202 – 208 entsprechende Liedvorschläge.

Zur Kommunion

Auch hier ist wieder Raum für musikalische Gestaltung in Form von Instrumentalmusik oder vorgetragenem Gesang. Das gibt der ganzen Festgemeinde Zeit zum Gebet nach dem Empfang der heiligen Kommunion.

Es empfiehlt sich, die Lieder, die Sie für Ihren Traugottesdienst wünschen, mit Ihrem Zelebranten und auch mit dem Organisten abzusprechen, bevor Sie ein Liedheft gestalten.

Trausprüche

Auch in der katholischen Kirche verbreitet sich immer mehr der Brauch, den gemeinsamen Lebensweg unter ein Motto oder einen Spruch zu stellen. Das kann ein Wort aus der Bibel sein, aber auch Zitate von Dichtern oder Philosophen werden häufig gewählt. Sie finden hier eine kleine Auswahl an Vorschlägen:

Trausprüche aus der Bibel

Der Herr segne euch und behüte euch.
Der Herr lasse sein Angesicht über euch leuchten
und sei euch gnädig. Der Herr wende sein Angesicht euch zu
und schenke euch Heil.
Nach Numeri 6,24–26

Vergesst nicht den Bund, den der Herr, euer Gott,
mit euch geschlossen hat.
Deuteronomium 4,23

Wohin du gehst, dahin gehe auch ich, und wo du bleibst,
da bleibe auch ich. Dein Volk ist mein Volk und dein Gott ist mein Gott.
Nur der Tod wird mich von dir scheiden.
Rut 1,16.17

Ich bleibe derselbe, so alt ihr auch werdet, bis ihr grau werdet,
will ich euch tragen.
Jesaja 46,4

Zwei sind besser als einer allein. Denn wenn sie hinfallen,
richtet einer den anderen auf.
Kohelet 4,9.10

Gott ist die Liebe, und wer in der Liebe bleibt,
bleibt in Gott und Gott bleibt in ihm.
1. Johannesbrief 4,16b

Du zeigst mir den Pfad zum Leben. Vor deinem Angesicht
herrscht Freude in Fülle.
Psalm 16,11

Weise uns, Gott, deinen Weg, dass wir ihn gehen in Treue zu dir.
Nach Psalm 86,11

Die Liebe hört niemals auf.
1 Korinther 13,8

Nehmt einander an, wie auch Christus euch angenommen hat.
Nach Römer 15,7

Unsere Liebe darf nicht aus leeren Worten bestehen.
Es muss wirkliche Liebe sein, die sich in Taten zeigt.
Nach 1 Johannes 3,18

Lasst uns aufeinander achten und uns zur Liebe
und zu guten Taten anspornen.
Hebräer 10,24

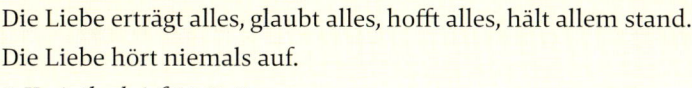

Die Liebe erträgt alles, glaubt alles, hofft alles, hält allem stand.
Die Liebe hört niemals auf.
1 Korintherbrief 13,7–8

Alles, was ihr tut, geschehe in Liebe.
1 Korinther 16,14

Das ist mein Gebot: Liebt einander, so wie ich euch geliebt habe.
Johannes 15,12

Zitate aus der Literatur

Der hat immer etwas zu geben, dessen Herz voll Liebe ist.
Aurelius Augustinus

Lieben heißt: Das Glück des anderen suchen.
Johannes Bosco

Lass die Liebe in deinem Herzen wurzeln,
und es kann nur Gutes daraus hervorgehen.
Aurelius Augustinus

Liebe ist das Einzige, was wächst, indem wir es verschwenden.
Ricarda Huch

Liebe gibt nichts als sich selbst und nimmt nichts als von sich selbst.
Liebe besitzt nicht, noch lässt sie sich besitzen; denn die Liebe genügt
der Liebe.
Khalil Gibran

Gott ist nahe, wo die Menschen einander Liebe zeigen.
Johann Heinrich Pestalozzi

Es gibt nichts Schöneres, als geliebt zu werden,
geliebt um seiner selbst willen oder vielmehr trotz seiner selbst.
Victor Hugo

Es gibt auf der ganzen Welt kein Band so stark
wie das Band des Herzens.
Adolph Kolping

Das große Glück der Liebe besteht darin,
Ruhe in einem anderen Herzen zu finden.
Jeanne Julie Éléonore de Lespinasse

Du bist zeitlebens verantwortlich für das,
was du dir vertraut gemacht hast.
Antoine de Saint-Exupéry

Einen Menschen lieben heißt einwilligen, mit ihm alt zu werden.
Albert Camus

Die Liebe trägt die Seele, so wie die Füße den Leib.
Katharina von Siena

Texte und Gedanken

Die folgenden Texte und Gedanken können die liturgischen Texte der Feier der Trauung ergänzen; z. B. als Meditation vor dem Schluss-Segen oder als Impuls im Liedheft.

Traum und Wirklichkeit

Ein junger Mann hatte einen Traum. Hinter der Ladentheke sah er einen Engel. Hastig fragte er ihn: »Was verkaufen Sie, mein Herr?« Der Engel gab ihm freundlich zur Antwort: »Alles, was Sie wollen!« Der junge Mann sagte: »Dann hätte ich gern:

– eine Frau, die mich immer versteht und auf die ich mich verlassen kann,

– eine Ehe, die bis zu unserem Lebensende glücklich bleibt,

– gute Freunde, die uns auf unserem Lebensweg begleiten,

– Kinder, die sich gut entwickeln und an denen wir unsere Freude haben,

– und, und, und ...

Da fiel ihm der Engel ins Wort und sagte: »Entschuldigen Sie, junger Mann, Sie haben mich verkehrt verstanden. Wir verkaufen keine Früchte hier, wir verkaufen nur den Samen.«

Autor unbekannt

Euer Ja

Euer Ja
Sei ein Ja
Frei und ungezwungen
Vor Gott und den Menschen

Euer Ja
Sei ein Ja

Ohne Wenn
Und Aber
Ohne Vielleicht

Euer Ja
Sei ein Ja
Aus ganzem Herzen

Ja
Ich nehme dich an
Ja
Ich halte dir die Treue
Ja
Ich will mit dir leben
Ohne Wenn
Und Aber
Ohne Vielleicht

Euer Ja
Zueinander
Ist ein Ja
Weil Gott
Ja
Zu euch sagt

Er nimmt euch an
Er hält euch die Treue
Er will mit euch leben

Ohne Wenn
Und Aber
Ohne Vielleicht

Ja

Pia Biehl

45

Ich nehme dich an

Ich nehme dich an
Du nimmst mich an

In aller Unvollkommenheit
Mit all unseren Fehlern und
Schwächen
Mit unseren Stärken
Mit unseren Träumen und
Wünschen
In großer Liebe
Nehmen wir einander an

Ich verspreche dir die Treue
Du versprichst mir die Treue

In guten Tagen
In denen es leicht ist
Einander zu lieben
Zu vertrauen
Einander anzunehmen
Versprechen wir einander die
Treue

In schlechten Tagen
In denen es schwerfällt
Zu vertrauen
Einander anzunehmen
Anzunehmen
Was das Leben uns bringt
Soll unsere Liebe uns tragen
Wollen wir einander vertrauen

In Gesundheit
Wenn es uns gut geht
Lass uns dankbar sein

In Krankheit
Nicht verzweifeln
Einander Halt geben
Liebe schenken

Solange ich lebe
Solange du lebst
Solange wir leben

Pia Biehl

Der Ring

Der Ring
Ohne Anfang
Ohne Ende

Zeichen
Unserer Liebe

Zeichen
Meiner Liebe zu dir

Zeichen
Deiner Liebe zu mir

Der Ring
Ohne Anfang
Ohne Ende

Zeichen
Unserer Treue

Zeichen
Meiner Treue zu dir

Zeichen
Deiner Treue zu mir

Der Ring
Ohne Anfang
Ohne Ende

Trage diesen Ring
Als Zeichen
Meiner Liebe
Und Treue

Pia Biehl

Gebet

Guter Gott,

ich danke dir, dass du mir diesen wunderbaren Menschen geschenkt hast.

Dir gehört meine ganze Liebe.

Du hast uns zueinandergeführt.

Vor dir und vor unseren Familien und Freunden

haben wir unser JA einander zugesagt.

Wir leben im festen Vertrauen, dass du unser Leben mit uns lebst.

Sei bei uns auf unserem gemeinsamen Weg!

Stärke uns, wenn sich Hindernisse auftun, wenn der Alltag droht, unser Leben und unser Miteinander alltäglich werden zu lassen.

Bewahre uns davor, uns gegenseitig zu verletzten.

Schenke uns Kraft zur Versöhnung.

Lass uns Freude ausstrahlen und mach uns offen für andere, dass wir unser Leben teilen.

Guter Gott, sag uns Gutes zu. Sei bei uns und schenke uns deinen Segen.

Wir können unserer Ehe trauen, weil du sie mit uns lebst.

Dafür danken wir dir.

Amen.

Pia Biehl

Liebe heißt

Liebe heißt, Wärme auszustrahlen,
ohne einander zu ersticken.

Liebe heißt, Feuer zu sein,
ohne einander zu verbrennen.

Liebe heißt, einander nahe zu sein,
ohne einander zu besitzen.

Liebe heißt, viel voneinander zu halten,
ohne einander festzuhalten.

Liebe ist das große Abenteuer
des menschlichen Herzens.

Spüren Menschen das Herz eines Menschen,
dann kommen sie zum Leben.

Liebe ist der einzige Weg,
auf dem Menschen menschlicher werden.

Allein die Liebe ist das Haus,
in dem wir wohnen können.

Phil Bosmans

Dein Leben

Dein Leben
und mein Leben
haben sich gekreuzt

Aus ICH
und DU
wurde WIR

Aus MEIN
und DEIN
wurde UNSER

Wir wollen es wagen
Hand in Hand
unseren Weg
gemeinsam zu gehen

Wir können es wagen
im Vertrauen darauf
dass DU GOTT
mit uns
auf dem Weg bist

an den sonnigen Tagen
und im Sturm
wenn der Weg frei ist
wenn Hindernisse ihn versperren
oder ein Fortkommen
mühsam machen

Wir bitten dich um deinen Segen
im Lachen
und im Weinen
in der Freude
und in der Trauer
dann
wenn wir fröhlich tanzen
und dann
wenn wir streiten

Gib uns den Mut
zueinander zu stehen
auch und besonders
in den Augenblicken
wo es uns schwerfallen wird

Gib uns die Kraft
einander zu halten
wenn der andere eine Stütze braucht
einander zu trösten
wenn der andere traurig ist

Die Freude dieses Tages
möge uns tragen
unsere Liebe weiter wachsen
und noch tiefer werden

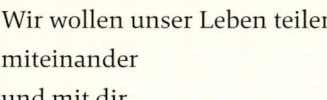

Wir wollen unser Leben teilen
miteinander
und mit dir

Wir wollen unser Leben annehmen
mit allem
was es uns bringen mag

Wir tun es im tiefen Vertrauen
dass du Gott
unser Leben
unsere Ehe
unsere Liebe
mit deinem Segen
begleitest.

Pia Biehl

Segen

es segne euch der lebendige und gute gott
er lasse euer beider leben ZU EINEM zusammenwachsen

seid gesegnet in euren kindern und die liebe die ihr ihnen erweist
möge hundert- und tausendfach auf euch zurückkommen

wahrer friede sei das fundament eures hauses
treue freunde mögen euch in freude und leid zur seite stehen
und ihre sympathie gehe neben euch her als schutzengel

wer in not ist finde bei euch rat trost und hilfe
und so komme segen über euch

die sorge soll euch nicht im übermaß quälen
eure arbeit nehme nicht überhand
und das ergebnis eurer arbeit soll euch erfreuen und lange erhalten bleiben

das vergängliche verführe euch nicht
denkt vielmehr an die dinge die im wechselnden vielerlei der welt
und eures lebens unvergänglichen wert behalten

der lebendige gott erhalte eure liebe lebendig und fantasievoll
bis ins hohe alter und ob euer leben kurz oder lang
gott möge euer unvollendetes leben zur vollendung führen

habt keine angst vor dem tod und vor dem leben
gott ist treu und er wird alles zum guten lenken
und was er verheißen hat das wird er euch über alles hoffen und
begreifen hinaus auch geben durch christus unseren herrn

amen!

Wilhelm Willms

Übersichten

Alles im Blick

Im Vorfeld der kirchlichen Trauung gibt es einiges zu bedenken und zu beachten. Die folgende Checkliste möchte Ihnen eine Übersicht über die Dinge geben, an die Sie bei der Vorbereitung Ihrer kirchlichen Trauung denken müssen. Standesamt, Kleidung, Ringe, Brautstrauß, Einladungen, Essen etc. gehören natürlich auch dazu, aber sind in dieser Liste nicht aufgeführt. Hier geht es um den Trauungsgottesdienst.

Wann wollen wir unsere Trauung feiern?
Reservieren Sie frühzeitig den Wunschtermin für Ihre kirchliche Trauung beim zuständigen Pfarramt (in der Pfarrei, in der Braut oder Bräutigam wohnen). Damit lassen sich »böse Überraschungen«, dass der Termin schon vergeben ist oder aus anderen Gründen gar nicht zur Verfügung steht, vermeiden, und notfalls ist noch genug Zeit zum Umplanen. Während die standesamtliche Trauung erst sechs Monate vor dem Termin festgelegt werden kann, empfiehlt es sich, den Termin für die kirchliche Trauung schon ein Jahr vorher zu reservieren. Das gilt vor allem dann, wenn Sie nicht in einer Pfarrgemeinde heiraten, in der Sie wohnen, weil Sie sich dann selbst um einen Zelebranten und um eine Kirche oder Kapelle kümmern müssen.

Wie wollen/können wir unsere Trauung feiern?
Katholisch, als Wortgottesdienst oder im Rahmen einer Eucharistiefeier? Möchten wir einen ökumenisch gefeierten Gottesdienst? Die Homepages der Bistümer bieten Ihnen hierzu viele gute und praktische Anregungen und Links.

Welche Papiere müssen wir mitbringen?

Für die Anmeldung zur kirchlichen Trauung sind folgende Papiere notwendig:

- ein gültiger Personalausweis oder Reisepass
- Ihre Taufbescheinigung, die Sie in der Kirchengemeinde erhalten, in der Sie getauft wurden (nicht den Taufschein aus dem Stammbuch, sondern eine aktuelle Bescheinigung des Taufpfarramtes mit dem Nachweis, dass sie nicht bereits kirchlich verheiratet sind; der Schein wird oft auch direkt vom einen zum anderen beteiligten Pfarramt geschickt)
- die Heiratsurkunde der standesamtlichen Trauung bzw. die Anmeldebestätigung zur standesamtlichen Trauung; dann muss die Urkunde nachgereicht werden
- Wollen Sie nicht in Ihrer Wohngemeinde heiraten, dann ist es gut, wenn Sie es vorher mit dem Wohnpfarrer absprechen. Er kann Ihnen sagen, welche Alternativen für junge Paare in der Pfarrei und im Bistum attraktiv sein könnten, und wird einen »Entlass-Schein« zur auswärtigen Trauung ausstellen.
- Erfragen Sie bitte frühzeitig bei Ihrem Pfarrer, welche Bescheinigungen noch benötigt werden, wenn ein Ehepartner nicht katholischer Konfession ist.
- Die Firmung ist zur kirchlichen Hochzeit nicht notwendig, wird aber empfohlen. In manchen Ländern (z. B. Italien, Polen) wird sie vorausgesetzt.

Brauchen wir Trauzeugen?

Für die Trauung in der katholischen Kirche sind zwei Trauzeugen Pflicht. Trauzeuge zu sein, ist ein kirchliches Amt wie das des Taufpaten. Die Trauzeugen müssen nicht katholisch sein, sollten sich aber zum christlichen Glauben bekennen. Falls Sie einen Trauzeugen haben, der keiner christlichen Kirche angehört, müssen Sie mit dem Pfarrer über die

Zulassung zum Trauzeugenamt sprechen. Trauzeugen müssen nicht zwingend volljährig sein, wohl aber älter als 14 Jahre. Die Trauzeugen müssen bei der Spendung des Ehesakramentes in der Kirche anwesend sein und unterschreiben nach der Trauung gemeinsam mit dem Brautpaar die Urkunde. Das Trauzeugenamt kann nicht zurückgegeben werden. Das heißt, Trauzeugen können nachträglich nicht ausgetauscht oder gestrichen werden.

Welche praktischen und geistlichen Hilfen gibt es zur Vorbereitung der Trauung und Ehe?

Dazu gehört das sogenannte Traugespräch, das der trauende Priester oder Diakon mit Ihnen führen wird. Hier erschließt er den Sinn der Ehe als Sakrament, also als gelebtes Zeichen, in dem Gottes Nähe besonders erfahrbar wird. Dabei geht es auch um die Unauflöslichkeit der Ehe und die Bereitschaft, Kindern das Leben zu schenken und sie im katholischen Glauben zu erziehen. In vielen Dekanaten werden außerdem Ehevorbereitungsseminare angeboten. Bitte informieren Sie sich beim Pfarrer im Vorfeld darüber, ob die Teilnahme erwünscht oder verpflichtend ist und wie die Termine liegen.

Wie gestalten wir den Ablauf der Feier?

Dazu bietet Ihnen dieses Heft einiges an Material. Suchen Sie sich im Vorfeld Texte, Gebete und Lieder aus und besprechen Sie den genauen Ablauf mit Ihrem Zelebranten. Hier haben auch die Fragen zum Einzug ihren Platz: Ziehen Sie gemeinsam in die Kirche ein oder wird die Braut vom Brautführer am Altar an den Bräutigam übergeben? Gibt es »Engelchen«, die dem Brautpaar vorangehen und nach der Trauung Blumen streuen? Welche liturgischen Dienste werden mitwirken (Lektoren, Ministranten)?

Wer sorgt für Musik?

Vielleicht haben Sie im Familien- und Freundeskreis Musiker oder Sänger, die Ihre Feier musikalisch mitgestalten möchten: ein Chor, Solisten, eine Band, andere Soloinstrumentalisten. Gibt es in der Kirche, in der Sie heiraten möchten, einen Organisten? Ist der sowieso da, oder muss er angesprochen werden für Ihre Feier? Wer erledigt das?

Wie sieht es mit Blumenschmuck aus?

Fragen Sie das Pfarramt der Hochzeitskirche, mit wem der Blumenschmuck abgesprochen werden soll. Die auch sonst die Kirche schmücken, wissen um die Gepflogenheiten und können Sie entsprechend beraten. Hier können Sie klären, ob in der Kirche Blumen gestreut werden dürfen und auch, wer nachher dafür sorgt, dass Kirche und Kirchplatz wieder gekehrt werden. Hier gibt es bestimmt auch Tipps, wo Sie eine schöne Hochzeitskerze bestellen können.

Müssen wir ein Liedheft erstellen?

Ein Liedheft ist kein Muss, aber immer eine schöne Erinnerung an die Trauung und während der Feier ein guter Leitfaden für den Ablauf des Gottesdienstes. Es empfiehlt sich vor allem dann, wenn Lieder gesungen werden sollen, die nicht im Gotteslob abgedruckt sind. Bei ihren Liedfavoriten bedenken Sie bitte, ob genug Mitfeiernde sie mitsingen können. Nicht jeder hat bei der Hochzeit seine Lesebrille dabei. Deshalb verkleinern Sie die Lieder und Texte nicht zu stark. Lesungen und Fürbitten müssen nicht abgedruckt werden. Das Pfarramt hilft Ihnen sicher gern mit Designelementen und Logos zur Gestaltung. Hier können Sie auch Hinweise auf die Fotoregelung und gegebenenfalls den Kollektenzweck abdrucken.

Wir möchten gern Fotos von unserer Trauung haben.

Auch hier gilt es im Vorfeld abzuklären, wie es mit Fotografieren in der Kirche aussieht. Natürlich möchte jeder gern Bilder und Filmdokumente von der kirchlichen Feier haben, aber Sie sollten überlegen, dass ein Blitzlichtgewitter und ein Auflauf von fotografierenden und filmenden Gästen die Feier stören.

Es bietet sich deshalb an, jemanden zu engagieren, der dafür sorgt, dass Ihre Trauung im Bild festgehalten wird. Das kann ein professioneller Fotograf sein oder jemand aus dem Freundes- oder Familienkreis. Informieren Sie Ihre Gäste darüber, dass für Bilder und evtl. Video gesorgt ist und Sie sie deshalb bitten, die eigenen Handys und Fotokameras während der kirchlichen Feier außer Betrieb zu lassen.

Ist es üblich, Kollekte zu halten?

Auch diese Frage klären Sie mit Ihrem Zelebranten. Es ist schön, wenn man Menschen, denen es nicht so gut geht, an der eigenen Freude teilhaben lässt und dies durch eine Kollekte zum Ausdruck bringt. Sie als Brautpaar haben vielleicht eine Idee oder ein persönliches Anliegen, welches Projekt Sie unterstützen möchten.

Der Aufbau des Gottesdienstes
Checkliste für die Gottesdienstgestaltung

Es ist Ihr großer Tag. Sie feiern Gottes Ja zu Ihnen und Ihr Ja zueinander. Besprechen Sie Ihre Wünsche an die Feier mit dem Priester oder Diakon, der Sie traut. In einer Reihe von Fragen (hier durch * gekennzeichnet) sind Sie in ganz besonderer Weise eingeladen, Lieder, Texte und Gestaltungsformen auszusuchen, die Sie ansprechen. Überlegen Sie mit der nötigen Ruhe, lassen Sie sich beraten, treffen Sie Entscheidungen nach Rücksprache mit dem Zelebranten und stimmen Sie sich rechtzeitig mit allen Beteiligten ab.

Ort der Begrüßung des Brautpaars
* Art des Einzugs in die Kirche
* Musik zum Einzug
* Lied zur Eröffnung
Eröffnung des Gottesdienstes, Begrüßung der Mitfeiernden
* evtl. Kyrie (bei Trauungen nicht zwingend)
* evtl. Gloria (gesungenes Lob Gottes)
Liturgisches Tagesgebet
* Lesung aus Altem oder Neuem Testament
* Lied oder Musikstück
Halleluja-Ruf vor dem Evangelium
* Evangelium
Ansprache/Predigt

Die Trauung

        Befragung des Brautpaares

        Ringsegnung

        * Vermählungsspruch / Ja-Wort

        Bestätigung der Vermählung

        * evtl. Entzündung der Traukerze

        * Trausegen

        * Lied oder Musikstück

Glaubensbekenntnis (bei Trauungen nicht zwingend)

* Fürbitten

        In einer Eucharistiefeier:

        * (evtl. Lied zur) Gabenbereitung

        * evtl. Kollekte

        * (evtl. Lied zum) Sanctus

        Hochgebet

        * (evtl. Lied zum) Agnus Dei

* (evtl. Lied zum) Friedensgruß

(evtl. gesungenes) Vaterunser

        * (evtl. Musikstück zur) Kommunion

* Evtl. Meditation

Schlussgebet

Segen

* Lied

* Musik zum Auszug

Quellenangaben

Alle Bibeltexte: Einheitsübersetzung der Heiligen Schrift
© 1980 Katholische Bibelanstalt GmbH, Stuttgart

Die offiziellen liturgischen Texte zur Feier der Trauung und Fürbitten:
Die Feier der Trauung in den katholischen Bistümern des deutschen
Sprachgebietes. Hrsg. im Auftrag der Bischofskonferenzen Deutschlands,
Österreichs und der Schweiz sowie der (Erz-)Bischöfe von Bozen-Brixen,
Lüttich, Luxemburg und Straßburg. 2. Auflage Zürich u. a. 1992.

Die Vorschläge der Leseordnung für die Feier der Trauung finden sich in:
Die Feier der Heiligen Messe. Messlektionar, Band VII. Sakramente und
Sakramentalien. Einsiedeln u. a. 1986.

S. 50: Liebe heißt ... aus: Phil Bosmans, Sonnenstrahlen der Liebe © 2004
Verlag Herder, Freiburg im Breisgau.

S. 53: Segen, aus: Wilhelm Willms, Mitgift. Eine Gabe, mitgegeben in die
Ehe. © 1979 Verlag Butzon & Bercker, Kevelaer, 10. Aufl. 1996, S. 48 f.